©Yo, naturaleza

Marlyn I. Rivera Navedo

editorialraices15@gmail.com

Edición y revisión editorial: Mayra L. Ortiz Padua

Ilustraciones: Adriana W. Serrano Rivera

Artista gráfico y diseño de portada: Mariel Mercado

ISBN: 9781794259430

Colección Crisálida

Hecho en Puerto Rico – Impreso en E.U.   diciembre 2019

Yo, naturaleza

Marlyn I. Rivera Navedo
Ilustradora: Adriana Serrano Rivera

Manatí

Soy mamífero marino

vivo en un ambiente acuático

si me ves nadando cerca

puede resultar simpático.

Mi alimentación es herbívora

y siempre como muy bien

aunque me veas gordito

me siento requetebién.

La mayoría de nosotros

vive en aguas tropicales

si baja la temperatura

buscamos aguas termales.

Pero no es muy común

que me veas a diario

pues generalmente soy

un mamífero solitario.

Nos comunicamos entre sí

con un coro de voces

cuando emitimos sonidos

se puede escuchar el hombre.

Cuando me veas en el agua

yo te pido precaución

pues desafortunadamente

estoy en peligro de extinción.

Puerto Rico

Tengo una isla muy bella

es de exquisitas costumbres,

y cada día que pasa

me va elevando a las nubes.

Puerto Rico, suelo patrio

tierra de grato verdor,

de las Antillas, la más admirable

por tu espléndido candor.

Tus paisajes enternecedores

son como un bello cantar,

prestos y ávidos en todo momento

jamás dejan de maravillar.

Llegan a esta bendita tierra

personas de todo el mundo,

que al mirar tanta belleza

se quedan meditabundos.

Me siento muy orgullosa

de haber nacido yo aquí,

soy cien por ciento boricua

nativa como el coquí.

mosas playas

nuestras costas,

por muchos

más hermosa.

El ambiente

Mi ambiente es tu ambiente

trátalo con amor,

mi ambiente es tu ambiente

te lo pido por favor.

El agua es nuestra fuente

de máximo poder,

y si tú la contaminas

tienes mucho que perder.

Los suelos nos alimentan

cuando en ellos sembramos,

semillas en tierra fértil

con esfuerzo cosechamos.

Con el aire respiramos

para mantenernos vivos,

si los conservas limpio

¡Vamos por buen camino!

Es mucho lo que podemos

realizar por el ambiente

hagamos correr la voz

y siempre estemos consientes.

Adriana

Muñequita mía

eres rayito de sol,

que me alumbra día a día

das a mi vida calor.

Tu llegada a este mundo

fue un momento muy hermoso

cuando te tuve en mis brazos

¡Cuán inmenso fue ese gozo!

Desde pequeña mostraste
tener mucha inteligencia,
a todos nos asombrabas
con tus lindas ocurrencias.

Tú eres una niñita
sumamente afortunada
pues brindas amor a todos
y eres reciprocada.

Y le agradezco al Señor
que te llevara en mi vientre
mi niña tan especial
te llevo siempre en mi mente.

Mis estudiantes

A todos mis estudiantes
hoy les quiero dedicar,
estos mis lindos versos
con mi sencilla humildad.

Durante muchos años
he visto con satisfacción,
cómo aprenden cada día
lo que enseño con tesón.

Ustedes son el futuro

con un mundo por delante,

estudien con alegría

y serán unos triunfantes.

Nunca olviden a su maestra

que con esmero y fervor,

siempre lo hizo a sabiendas

de ustedes lleva lo mejor.

Dios

No puedo dejar pasar

un momento más de mi vida

sin agradecerle a Dios

por las tristezas y las alegrías.

¿Tristezas? Sí, tristezas.

las que me ha tocado vivir

porque a pesar de todas ellas

siento que me fortalecí.

Aunque haya sufrido mucho

con el pasar de los años

aprendí a través de Él

que ello no ha sido en vano.

También he tenido alegrías

que hoy las deseo plasmar,

con este cálamo inagotable

y ahora no puedo parar.

Vida, salud y trabajo

nunca me han faltado

traer mi hija a este mundo

es lo mejor que me ha pasado.

Gracias te doy, Dios mío

por lo mucho que me has dado

soy una sierva tuya

y que aquí quede plasmado.

Excursión

Con euforia y alegría

y mucha emoción,

nos preparamos contentos

para una grata excursión.

Durante el placentero viaje

no dejábamos de hablar

de vez en cuando las maestras

¡Tenían que atemperar!

Cada uno llevaba

un gran argumento,

en sus rostros se notaba

que viajaban muy contentos.

Cánticos y poesías

decíamos en el trayecto

de regreso nos esperan

la magia de un buen proyecto.

Al llegar a aquel lugar

muy atentos estábamos,

Si nos hacían preguntas

siempre las contestábamos.

De regreso a nuestro hogar

decimos con satisfacción

lo mucho que nos divertimos

en esa grata excursión.

Coquí

Pequeño animalito
gracioso por demás,
eres creación divina
siempre logras resaltar.

Al igual que un tenor
cantas tonos muy agudos
que deleitan el oído
de niños, jóvenes y adultos.

Canta, canta amiguito

canta y hazlo sin parar,

que escuchen tu bello canto

el que quisiera imitar.

Algún día los boricuas

cantaremos con frenesí,

los cánticos de Puerto Rico

como lo hace el coquí.

Flor de Maga

Hermosa flor

alegre y risueña,

hermosa flor

¡De mi tierra borinqueña!

Tu rojo color

evoca la sangre

derramada por patriotas

durante sus luchas constantes.

Tus verdes hojas proclaman

el llamado a la esperanza

de llevarnos como hermanos

sin violencia ni matanzas.

Flor de maga

flor nativa

palidecen ante ti

tu belleza nos cautiva.

Hermosa flor

flor de maga

de mi isla la más bella

¡Siempre vestida de gala!

Dádiva

Los mejores regalos

que un niño nos puede dar

es su sonrisa inocente

y su gran sinceridad.

Esa sonrisa refleja

alegría y sinceridad

algo que carecemos

y anhelamos sin cesar.

La inocencia es sinonimia

de esa gran ingenuidad,

gustan ser inofensivos

y nunca tienen maldad.

Al ser francos y sinceros

siempre dicen la verdad,

no ocultan lo que les pasa

detestan la falsedad.

Aprendamos de los niños

démosle nuestra atención,

que gracias a sus cualidades

¡Son dignos de admiración!

Estudiantes Únicos

Son seres muy especiales

y son dignos de admirar,

capaces de llegar lejos

todo lo pueden lograr.

Día a día se afanan

porque tienen un motivo,

se preparan con esmero

para lograr sus objetivos.

Tienen aspiraciones

como cualquier persona,

se esfuerzan día a día

eso sí que se valora.

No subestimemos

a los estudiantes

pues todos son muy valiosos

como lo son los diamantes.

Ante ustedes mis respetos

también mi lealtad,

sumamente excepcionales

estudiantes de Educación Especial.

Mi casa, mi escuela

Entre el campo y la montaña
rodeada de una gran vegetación
se encuentra en el Barrio Dajaos
la mejor escuela de Bayamón.

La escuela S.U. José M. Torres
es diferente de verdad,
pues lleva el nombre de un líder
querido en la comunidad.

Tiene un personal comprometido

que con empeño y tesón,

siempre están colaborando

por el bien de la educación.

Fortaleza

Un día 20 de septiembre

mi isla fue devastada

Jamás imaginaríamos

el dolor que nos causaba.

Lloramos y sufrimos

como niños asustados,

perdimos cosas materiales

sintiéndonos acongojados.

Poco a poco entendimos

la situación vivida,

pero eso no fue el motivo

para perder la alegría.

Aprendimos a vivir

un día a la vez,

superando las barreras

pero sin perder la fe.

La esperanza de mi gente

es muy digna de admirar,

por eso somos ejemplo

que muchos quieren lograr.

De las Antillas Mayores

Puerto Rico es una estrella,

Y no importan las catástrofes

¡Siempre serás la más bella!

San Juan

Ciudad amurallada

muy valiosa como el oro

nuestros antepasados

te cuidaron como un tesoro.

Tus garitas imponentes

son de gran distinción

y en ellas los centinelas

vigilaban con tesón.

San Juan, siempre hermosa

bordeada por las aguas del mar

ciudad mágica y gloriosa

que todos deben visitar.

En ese Viejo San Juan

algún día viviré

y entre sus muros centenarios

yo me acurrucaré.

Guanimía

Estén todos muy atentos

a lo que van a observar

se quedarán boquiabiertos

de lo mucho que aprenderán.

Soy una linda indiecita

hija del gran cacique

vivo en el yucayeque de Dajao

donde somos muy felices.

Mi nombre es Guanimía

tengo cinco años

y hoy conocerán

gran parte de nuestro pasado.

Taíno significa

"hombre de bien"

que vivió hace muchos años

en mi lindo Borikén.

No se olviden señores

de nuestros antepasados,

que gracias a los taínos

somos buenos borincanos.

Yo, Naturaleza

Yo, soy vida

semejante a la naturaleza,

mujer alegre que cautiva

con madurez y pureza.

Como la esperanza, verde

Como el sol, siempre radiante

Siempre viva, siempre alegre

en mi adultez, deslumbrante.

La exuberante floresta

de colores muy brillantes,

renueva en mi cada día

una energía vibrante.

El maravilloso cielo

con todo su esplendor,

inmenso, azul y sereno

nos regala su color.

Naturaleza Madre,

naturaleza hija,

que mucho nos parecemos

somos amor, somos vida.

Puerto Rico

Tengo una isla muy bella

de exquisitas costumbres,

y cada día que pasa

me eleva hasta las nubes.

Puerto Rico, suelo patrio

tierra de grato verdor,

de las Antillas, la más admirable

por tu espléndido candor.

Tus paisajes enternecedores

son como un bello cantar,

prestos y ávidos en todo momento

jamás dejan de maravillar.

Llegan a esta bendita tierra

personas de todo el mundo

que al mirar tanta belleza

se quedan meditabundos.

Me siento muy orgullosa

de haber nacido yo aquí,

soy cien por ciento boricua

nativa como el coquí.

Isla de hermosas playas

que rodean nuestras costas,

considerada por muchos

de todas la más hermosa.

Los animales

Del reino animal

podemos aprender

vida, costumbres, maneras

que nos pueden entretener.

Como cuando tienen crías

y las cuidan con fervor,

los defienden día a día

de cualquier depredador

Comparten en armonía

se cuidan unos a otros

son una linda familia

ejemplo para nosotros.

Cuidemos de los animales

como se cuidan los niños

conozcamos más de ellos

démosle amor y cariño.

Made in the USA
Middletown, DE
22 March 2019